我的超级科学探索书

城堡之谜

纸上魔方◎编写

北方妇女儿童出版社

图书在版编目(CIP)数据

城堡之谜 / 纸上魔方编写. -- 长春 ：北方
妇女儿童出版社，2013.1（2019.4 重印）
（我的超级科学探索书）
ISBN 978-7-5385-7177-6

Ⅰ．①城… Ⅱ．①纸… Ⅲ．①城堡－世界－青年读物
②城堡－世界－少年读物 Ⅳ．①K916-49

中国版本图书馆CIP数据核字(2012)第285732号

城堡之谜

出 版 人	李文学
策 划 人	师晓晖
编 写	纸上魔方
责任编辑	张耀天 张丹
开 本	170mm×240mm 1/16
印 张	8
字 数	120千
版 次	2013年1月第1版
印 次	2019年4月第3次印刷

出 版	北方妇女儿童出版社
发 行	北方妇女儿童出版社
地 址	吉林省长春市人民大街4646号
	邮编：130021
电 话	编辑部：0431-86037964
	发行部：0431-85640624
网 址	http://www.bfes.com
印 刷	天津海德伟业印务有限公司

ISBN 978-7-5385-7177-6　　　　　定价：23.80 元

目录

吸血鬼的城堡

"快看，那人有尖锐的獠牙！"

夜色中，一个身着燕尾服的男子，脸色煞白，嘴唇却越发红润，他正在德古拉城堡的某个角落，对着一个安睡在城堡房间的女子张开了嘴，露出尖锐的獠牙……

"啊！"

尖叫声划破夜空，男子嘴角还残存着一丝血迹，他正安静地躺在城堡地下室的棺材里。这只是一个传说，这就是我们的德古拉城堡，原名布朗城堡，曾经是用来抵御土耳其人的防

1

御工事。

　　传说，在这里住着一位真正的吸血鬼，在他还是人类的时候，就对血液有着狂热的爱好，简直就是见血发狂。而且他残酷暴戾，制造了各种想象不到的严酷刑罚！

　　他就是弗拉德·则别斯·塔古拉。他是罗马帝国的君王，残暴的他在治理国家的时候更是施行了严苛的政策，尽管如此，他依旧使当时的罗马成为一个团结强大的国家。可是，在最后与土耳其军队的战役中，却发生了这样的惨剧。

　　年仅31岁的弗拉德被土耳其军队俘获，年轻的国王却没有在这个时候投降求饶，他的脸上满是视死如归的英雄气概。直到最后，土耳其王下令，将他的尸体四分五裂，而首级也与尸体永远分离，

送去了君士坦丁堡。

　　有人说，德古拉伯爵没有死，他只是变成了吸血鬼，睡在布朗城堡的地下，皓月当空，一切安静下来的时候，他就会从沉睡中醒来，游荡在城堡的各处，寻找年轻的女子，用他尖锐的

到了

獠牙吸干她们的血。

到了午夜时分，他还会站在城堡里最有特色的四个角楼的上面，瞭望着远方，似乎还在看土耳其军队会不会再来侵犯他的国家。这个曾经用来存储火药，装了活动地板，用来围困敌军泼水等用途的角楼，如今成了德古拉伯爵的瞭望塔。

谁也不知道，《夜访吸血鬼》这本小说里的德古拉伯爵到底是不是弗拉德，可是他吸血鬼的称号却在世界流传。也使得这座建于1377年，位于罗马尼亚西部用来抵御土耳其人的城堡闻名于世！

龙骑士组织

德古拉伯爵是罗纳尼亚历史上最著名的人物，他出生于1431年，他的父亲是龙骑士，德古拉也就是龙之子。可是由于他行为不检，又极其崇尚酷刑，所以私底下人们都称他为魔鬼。而当时的龙骑士组织具有很神圣的地位，是由皇帝亲自创建的，目的就是为了让他们效忠朝廷，使得天主教徒免于土耳其人的迫害。

现在的布朗城堡

如今的布朗城堡已经成为历史、艺术的博物馆，这里存放着各个时期的武器。例如，古罗马的盔甲、古代的长矛、日本的长刀，还有众多不同历史时期的火枪。这些各式各样的武器记录了那个年代的战乱，也将城堡渲染上了一股血腥、残破而惨烈，甚至还带有些许悲凉的味道。

黄金海岸的奴隶城堡

这是一座位于黄金海岸的奴隶城堡，听到这样的形容，小朋友们会不会觉得很奇怪？其实，黄金海岸就是西非古国的加纳，顾名思义，这里盛产黄金，可是，自古以来黄金就不属于奴隶，属于那些臭名昭著的奴隶主。在长达500千米的海岸线上，就有三十多座奴隶城堡。这里修建最早、规模最大、保

存最完好的，要属埃尔米纳奴隶城堡了。这座城堡就是活生生的殖民主义者掠夺非洲的罪证！

　　这座城堡建在本亚河口一块突出的巨石上，只有一面是和地面相连的，地势之险不言而喻。尽管被历史和岁月侵蚀着，可是当年的风貌犹存。整个城堡呈长方形，长约百米，城堡的中央是四层高的主楼，而作为殖民总督官邸的是主楼中间的一座八角形的塔楼，它的两侧有六个方形碉堡，底层是关押奴隶的牢房。死牢就在这大门的左侧，里面简直就不是人待的地方，阴暗潮湿不说还极其狭窄，只要反抗的奴隶就被关在这里，只要进入这里的，几乎无一逃过死亡。

在同样阴森又脏乱的男牢里，仅仅60平方米的牢房，在最高峰的时候，曾关押过四百多名奴隶！可想而知，在如此恶劣的环境下他们受着怎样非人的待遇，又要忍受怎样的痛苦和磨难才有可能幸存下来。更不要说那些患病或者受伤的奴隶，早就被活活扔进大海，被无情的海浪吞噬。就是现在，我们还可以依稀见到那脏乱的墙壁上斑斑血迹和屈辱的悲伤。

总督府下面就是女牢，同样恶劣的环境下，她们除了要受到身体的折磨，还要遭受精神上的折磨。无耻的总督通过洞口下望，若

看见颇有姿色的女奴，便强行拉上楼玩弄。谁要是反抗，就会被无情地绑在后院的木桩上，让烈日暴晒、蚊虫叮咬，不计其数的女人就这样被折磨至死。

1481年，一名叫埃尔米纳的葡萄牙人来到这里，新的黑暗降临到了奴隶的身上。他来到的第二年，便开始了声势浩大的城堡修建工程，这里在白人的皮鞭下干活的黑人奴隶多达六七百人。等到城堡建成，他们就开始在这里大肆掠夺黄金，直到美洲新大陆的发现，又开始了贩卖黑人奴隶的交易。

这座城堡经过了许多不同的主人，直到1957年，加纳才获得独立，结束了长达几个世纪的奴役生活。黑人终于得到解放，可是谁又能抚平那些深入骨髓的伤痕呢？

红色的城堡

　　跟着爸爸妈妈一起进电影院看过《谍中谍4》的小朋友们，一定对汤姆·克鲁斯和他的同伴们在克里姆林宫的这场戏印象深刻，而克里姆林宫这座红色的城堡应该也在你们的记忆中尤为鲜明。

　　曾有这样一条俄罗斯谚语"莫斯科大地上，唯见克里姆林宫高耸；克里姆林宫上，唯见遥遥苍穹"。大家从这样一句气势磅礴的谚语中就可以感受到克里姆林宫有多么的宏伟庄严，而这句一语双关的谚语又在另一个层面上说明了克里姆林宫是俄罗斯最高权力的象征。

　　这座历代沙皇的宫殿是莫斯科最古老的建筑群，它又有着怎样的历史呢？其实，在十月革命后，这里就成了苏联的党政机关所在地。在苏联解体后，这里又成为俄罗斯政府的代称。它一直矗立于俄罗斯，也一直矗立在俄罗斯权力的最高峰。

克里姆林宫建造在莫斯科河和涅格林纳河之间的维茨丘陵上，它的南边是莫斯科河，著名的红场在它的东南边，而它的西北边则是亚历山德罗夫花园。面积27.5万平方米，始建于1156年，原为苏兹达里大公爵尤里·多尔哥鲁基的庄园，有木造小城堡，称"捷吉涅茨"。

怎么坏了？

1367年在城堡原址上修建白石墙，随后又在城墙周围建造塔楼。几经修建扩建，20座塔楼参差错落地分布在三角形宫墙的三边。

近看之后，我们再来远望克里姆林宫，你会发现这里有一座高高的建筑耸立其中，它就是教堂广场上的伊凡大帝钟楼。这座钟楼有81米高哦！它可是古代的信号台和瞭望台呢！在这座钟楼的左侧有一门炮王，它可是重达40吨的大家伙呢！而它的右侧当然就是著名的钟王了，它可是世界第一大钟。钟壁上有着无比精美细致的塑像和图饰，可是它铸成后，当人们无比期待想要听到它第一次被敲响的声音时，一道裂痕却出现在大钟上，那第一响，也成为钟王的绝唱。这两个庞然大物显示了俄罗斯工匠高超的铸造技艺。

你知道吗?

大克里姆林宫

大克里姆林宫是克里姆林宫中的主要建筑之一。它可是有着三列很高的窗户的建筑,漂亮极了!它是在1839—1849年旧宫原址上建造的,其外观是仿古俄罗斯式的,厅室更是式样繁复,富丽堂皇。

你知道吗?

克里姆林宫红场墓园

这座包围着克里姆林宫周边的红场墓园,是一个具有历史纪念意义的重要地方。苏联政府将那些具有赫赫战功,著名的国内和国际的共产党领袖安葬在此处,为的就是供后人缅怀和景仰。1967年,苏联政府在亚历山大公园的克里姆林宫墙边建成并开放了无名烈士墓。

见证
皇室爱情的宫殿

　　白金汉宫，这是英国的王宫，相信很多小朋友都对它的名字很熟悉。威斯敏斯特城内的白金汉宫，位于伦敦的詹姆士公园西边，早期它的名字叫做白金汉屋，意思是"他的家人"，后来又因为白金汉公爵而在1703年改名为白金汉宫。

　　这是一座四层楼的灰色宫殿，整个宫殿呈正方体，在正门的玄关上还有着庄严而神圣的王

室徽章，充分显示出这里是皇权的中心地带。城堡的四周被栏杆围绕，宫殿前的广场上有不同样子的很多雕像，还有由爱德华七世扩建后的维多利亚女王教堂。当阳光洒下，你会看见胜利女神的金像高高耸立在大理石台上，闪闪发亮，就像要从天而降，维多利亚女王像上的天使，代表皇室希望能再创造维多利亚时代的光辉。整个宫殿有六百多间厅室，包括宴会厅、音乐厅、画廊和娱乐厅等等，为王室们提供了奢华而舒适的环境。在宫殿外，还有花团锦簇的花园承载着大自然的姹紫嫣红。

到了现在，英国女王依旧在这里面见首相和大臣，接待和宴请来访的外国元首和使节们。当女王在宫中的时候，皇宫正上方便会挂着英国皇帝旗帜；如果女王已经外出，就不会悬挂旗帜。

小朋友们，你们有没有听过《三剑客》这个故事？大仲马笔下

的三剑客中的重要人物，就是第一代白金汉公爵哦！

在这里住得最长久的女王要属伊丽莎白二世，从她的父王即位的1936年直到她结婚的1947年，这十一年中，她一直与妹妹玛嘉烈公主同住在这里。婚后五年，她又以女王的身份再次回到这里，和丈夫及四个儿女住在二层楼上的私人套房。

当然，白金汉宫最美的在于王子的爱情故事。故事的主角就是爱德华八世和沃利斯·辛普森。1931年，沃利斯·辛普森和还是亲王的爱德华就是旧识，到了1936年元月，爱德华继承皇位，成为爱德华八世。可是沉重的国家大事丝毫没有减少他对沃利斯的爱，当他向王室宣布要和她结婚时，沃利斯和丈夫欧内斯特的离婚也在进行中。只是，这个决定却遭到了朝野上下的强烈反对，他们不论如

何也无法接受国王娶一个结过两次婚的女人，让她成为王后似乎成为对整个国家的侮辱。经历了多次努力交涉都得不到满意结果的爱德华八世最终在1936年宣布了退位，与这位离异两次的美国平民女子结婚。

这个不爱江山爱美人的爱情故事如今已广为传颂，它赞美了爱德华八世对爱情的坚贞和不顾一切，也给白金汉宫渲染了一层浪漫的色彩。

白宫最早不是白色的

　　白宫，这座白色的房子，小朋友们应该都不陌生，它就是美国总统的府邸。可是它为什么叫白宫呢？因为在1812年英美战争的爆发，英国军队占领华盛顿之后，放火烧了包括美国国会大厦和总统府邸之类的所有建筑，战争结束后，美国人为了掩盖大火烧过的痕迹，在1814年的时候，将总统住宅那红色的石头涂上了白色的油漆，从此以后这里就叫"白宫"了。

在美国两百多年的岁月中，白宫也成为历史性的建筑，可是它却带有浓郁的英国风格，只是在随后的主人更替中，将它慢慢融入了美国的元素。你知道吗，入住白宫的第一任总统并不是我们熟知的砍了樱桃树的华盛顿哦！而是美国的第二任总统约翰·亚当斯。当然，白宫的基址依旧是华盛顿选定的，始建于1792年，1800年完工，耗时8年。其设计者是著名的美籍爱尔兰人詹姆斯·霍本，他参照了当时流行的意大利建筑师柏拉迪的欧式造型设计而成，用弗吉尼亚州所产的一种白色石灰石建造。为了满足华盛顿提出的三个要求：宽敞、坚固、典雅，设计者最终选定了英国乡村风格。当然，它一开始并不叫

白宫，直到罗斯福继任总统之后，才改名为白宫。

从白宫的正门进入，楼层共有五个主要房间，由西至东依序是：国宴室、红室、蓝室、绿室和东室。其中东室是最大的房间，它可以容纳三百位宾客，用于招待会、舞会和纪念性仪式的庆典。

关于白宫，火灾这个词倒成了趣闻，小朋友们想知道为什么吗？在美国白宫办公楼西侧的艾森豪威尔行政楼曾发生火灾，当时由于中央情报局销毁了一些关于审讯恐怖嫌疑人录像资料的行为引起了广大美国民众的争议，这场前所未有的火灾似乎成为解决之道，所以才被美国媒体戏谑地评论说，让许多

对政府不利的证据"方便地"消失了。不过火灾起因到底是什么，聪明的小朋友们有什么看法呢？

　　白宫无疑是美丽的，它更代表了美国的政治和特性：宽敞、典雅、坚固。

你知道吗?

白宫地图室

白宫的地图室里面可谓是应有尽有，各种现代版本的地图一应俱全，里面甚至还有一幅非常名贵的18世纪绘制的地图。白宫地图室从1970年开始就改为了接待室，里面挂着两幅著名的图像，那就是本杰明·富兰克林的画像和19世纪美国哈得孙河画派的风景画。在第二次世界大战期间，这里还曾是罗斯福总统研究"战略"的密室呢！

你知道吗?

白宫图书馆

这是一座60平方米的图书馆，古典式风格，典藏图书近3000册，还珍藏着历代总统的相关资料。在藏书柜旁的墙上还挂着五幅印第安人的画像，这五位印第安人就是当年美国总统在白宫会见过的印第安族部落代表团的成员。

《王子复仇记》 中的城堡

　　传说，在一个月光暗淡的深夜，刮着阵阵阴风，丹麦先王的鬼魂时隐时现，哈姆雷特王子站在古堡的阳台上，倾听着鬼魂诉说着自己被迫害的经过，并发誓要为自己的父皇报仇……

　　这可是著名作家莎士比亚的作品《王子复仇记》，不知道小朋友们有没有在爸爸妈妈讲的故事里听说过？故事里的城堡原型就是

我今天要介绍的克隆堡宫。克隆堡，本身的意思就是皇冠之宫。坐落在西兰岛北部赫尔辛格市的海边，瑞典的赫尔辛堡市与它隔海相望。这座富丽堂皇的宫殿始建于1574年，在1585年竣工，由荷兰建筑师设计建造。整个城堡用岩石砌成，褐色的铜质屋顶更显庄重、巍峨。它是北欧最精美的文艺复兴时期建筑风格的宫殿。

可是在1629年9月24日的深夜，一场大火无情地吞没了除了外墙和宫内教堂外的整个克隆堡宫。这样的灾难无疑是惨重的，尤其对于刚经历了三十年战争，国库空虚的丹麦来说更是雪上加霜。可是，克里斯钦四世却全然不顾众人的反对，执意征收关税，重建了克隆堡宫。1637年的克隆堡宫修建一新，与昔日有着截然不同的内部结构，加高的厅室，原来的螺旋塔顶改为锥形，整个建筑都变成了巴洛克建筑风格。城堡里的宴会厅更是长达62米，是世界上最大的厅室，装潢极尽奢华。

只要看过《王子复仇记》的人，都会对莎士比亚所描述的阴森的古堡有着深刻的印象，这是莎士比亚以克隆堡宫为背景的不朽佳作。因此，在克隆堡宫外院的墙壁上，塑造了一幅莎士比亚的浮雕，以此作为纪念。1816年，莎士比亚逝世二百周年之际，这里首次上演了《哈姆雷特》。

现在的克隆堡宫已然成为面向公众开放的博物馆，里面收藏着大量的挂毯，有些具有四百多年的历史。"百王像"系列中的奥拉夫国王肖像挂毯是用羊毛和丝线织成的，肖像惟妙惟肖，做工精细美丽，让人啧啧称奇，堪称国宝。馆内甚至还按照古时的情景重

置，让历史再现。当年的大炮已然不再
参加战斗，而成为礼炮，鸣响在丹麦女王玛格丽特
二世御船经过的海峡。

　　这座美丽的宫殿依旧上演着一出又一出的美丽剧集，小朋
友们不妨也来此当一回剧中人吧！

中国的皇城

　　故宫，我想对于这座中国的皇家城堡，小朋友们不仅仅是熟悉，应该还有不少的小朋友们已经在爸爸妈妈的带领下亲自去参观过了。故宫位于北京市中心，它无疑是中国古代权力和文化的象

征，这样一座让人神往的宫殿，它又蕴含着多少故事？

这座在1420年就建成的宫殿，占据着北京最好的地理位置，它是明清两代的皇宫，也是世界上现存的最大的保存最完整的木质结构宫殿哦！它由前朝与内廷两部分组成，四周有坚硬的墙壁，四面由筒子河环抱，而且四面各有一门，南门名为午门，也就是故宫的正门，而午门当中的正门是只有皇帝才能走的门哦！东门名东华门，紫禁城的东门俗称"鬼门"，传言皇帝死后其灵柩都是由东华门运出。西门名西华门，它却不在故宫的西侧，而是为了宫殿的整体规划，比较靠近午门这边一些。北门就是我们熟知的神武门，它

是宫内日常出入及皇室人员出入皇宫的门。

经历朝代的更替，故宫这座屹立不倒的宫殿也蕴藏着许多的秘密！去过故宫的小朋友们应该都知道，故宫有很多龙，可以说，紫禁城就是龙的世界，造型的千姿百态，雕刻技艺的栩栩如生，这一切好像昭示着炎黄子孙才是龙的传人。

那么，故宫到底有多少龙？可能谁也说不清，有人粗算过，大概有近4万条，如此庞大的数字真是让人震撼。如此万龙朝圣的庄严肃穆之态，更显出皇家宫殿的宏伟壮观！

故宫之内的九龙壁更是绚烂夺目，它是由琉璃砖瓦砌成，工艺之繁琐细致，也体现出那个时代较为发达的制造业。不过，有这样一个传说，当年在烧制九龙壁时，工匠们不小心烧坏了一块，但由于时间紧迫，工艺复杂，他们已经没有时间再多烧一次，其中一个工匠冒着欺君之罪，用木质雕刻来代替，并且刷上了白漆，使它和龙腹的颜色相同，看起来并无两样。这样大胆的举动最终瞒天过海，使工匠们免去了一场灾难。不过，瑕疵未必就是坏事，这又何尝不是给九龙壁染上了一层传奇的色彩？

你知道吗?

冷宫

常常听说的冷宫到底在故宫的哪里？其实它就是宫中失宠的女子最后栖息的禁室。而且，冷宫并没有固定的位置，幽闭王妃和皇子的地方，便俗称"冷宫"。就是查遍史料，你也不会发现某一处宫室直接被正式命名为冷宫的。

你知道吗?

故宫设计者

如此雄伟浩大的工程，它到底出自哪位设计师之手？这一直是个谜，是因为故宫建筑上没有像现在的建筑刻上建筑物的年份和设计者的字样，不过目前大多数的人还是认为，故宫是由一位叫做蒯祥的明代杰出的工匠所设计的。

法国最大的王宫

"美丽的泉水"，这是枫丹白露宫的法语原意，听到这里，小朋友是不是就已经觉得我今天要介绍的城堡是纯净而美丽呢？这座位于法国北部法兰西岛地区塞纳——马恩省的城堡，是法国最大的王宫之一，它主要包括一座主塔、六座王宫、五个院落和四座花园。

在西方的博物馆中，收藏和展览圆明园珍宝最多最好的要数枫

丹白露宫，宫中的中国馆可以说是圆明园在西方的再现。这座中国馆是由拿破仑三世时的欧也妮皇后主持建造的。馆内陈列的中国明清时代的古画、金玉首饰、雕刻品、景泰蓝佛塔等上千件艺术品。当然，这些大多数来自于我们国家的圆明园，是法军统帅孟托邦献给拿破仑三世帝后的战利品。

枫丹白露宫可是一座建于绿色天地的城堡呢！它的四周有1.7万公顷的森林，里面种着橡树、柏树、白桦、山毛榉等各种各样的树木。它可是皇家打猎、野餐和娱乐的好场所。森林里还有很多的圆形空地，在这些空地上总是会看到十字架的造型，其中最著名的就是圣·埃朗十字架。

弗朗索瓦一世长廊于1544年建成，长64米，宽和高都是6米。在它的上半部是精美的文艺复兴时期风格的壁画，全部都是由仿大理石的人物浮雕承托，极有立体感；下半部则是保护壁，由一圈2米高的金黄色细木雕刻做成的。整条长廊可以说是金碧辉煌，典雅别致。

走出这座举世闻名的长廊，让我们来到美丽的狄安娜花园。狄安娜花园又称皇后花园，以喷泉闻名。院内的狄安娜喷泉可是亨利四世时代的1602年在著名的狄安娜雕塑位置建筑的。为了让大理石雕像免遭侵蚀，雕刻家又用青铜复制了一件。从16世纪到18世纪花园内到处都散布着花坛和雕塑。

不过，这个花园还有一个名字，就是橙园，顾名思义，花园里面当然种了很多橙树！这座花园的橙子可是漫园而生，到了橙子成熟

的时节，满园的橙香会随着徐徐清风飘散，沁人心脾。只是现在这座花园虽然依旧可爱，却早已不复当年的容貌。

　　不过，这座美丽的城堡依旧是浪漫的法国不可或缺的代表！

看，那城堡在水上

小朋友们快看，那座城堡在水上呢！

今天我要介绍的这座城堡像一幅美丽的画卷，横跨在两座石墩上的舍农索城堡，位于昂布瓦斯南部，与这里的河流、树木、园林交相辉映，形成了一幅自然和谐的风景画。

舍农索城堡，又称雪农索城堡或女人城堡。它是法国文艺复兴时期著名的建筑师菲利伯特·德洛姆设计的。城堡自1535年后就属于王室领地，王室之所以能够得到这座城堡，是因为安托尼为偿还

负债而将城堡交给了王室。不过，在搬家之前，他把城堡里的奇珍异宝、家居灯饰、家畜等都带走了。

当然，关于这座城堡最著名的还是戴安娜夺城的故事。当年，在弗朗瓦索一世来这里参观新别墅时，他的身边就有两位美女陪伴，她们分别是弗朗瓦索一世的太子妃和情妇戴安娜，当时戴安娜不过16岁。1547年，亨利二世把这座美丽的城堡送给了自己的后妈和戴安娜小姐，并且亲自浏览了所有的房间，记录下了房间里的缺失，后来亲自为她们一一补上，赠送了她们很多家具和生活用品。

这件事可让他的老婆卡瑟琳恼羞成怒，发誓要报复。不过，戴安娜那里住的可舒服着呢，你看，舍农索城堡的那五个横跨谢尔河

的拱洞的宽桥还有两边河岸上的拼图花园都是她的杰作。只是最终当亨利二世去世后，他的王妃卡瑟琳还是把戴安娜驱逐了。

传奇故事一直流传下来，就像美丽的舍农索城堡一直屹立不倒。它在一代又

一代女主人的打理下更加美丽，尽管有纷争，尽管曾多次易主，可是它依旧像一幅优美的风景画在人们心中成为永恒。尽管有人会惋惜，这座美丽的城堡经历了战争的摧残，许多珍稀物品都在黑市流传，但我们依旧应该庆幸的是这座城堡保存了下来，因为它本身的价值已经超过了一切！

领地收入

这座城堡在戴安娜的手中经营得有声有色。坐拥重要地理位置的城堡,被她当作了收费站!这是怎么一回事呢?其实就像是我们现在的公路收费站一样,只要是运输行驶经过黛安娜领地的其他贵族的兵马和仆役,都要收取过关费,就连财产转移税和土地转移税她都不会放过,这样的举措让戴安娜在 1547年得到了1023利弗尔!

城堡为何被变卖

城堡以前曾被当时的皇家军队放火烧毁,目的就是惩罚当时的城主让·马奎斯的叛乱活动。不过,到了1430年,这里又被重建,而且还建造了一台水力磨粉机。后来城堡的继承人皮尔·马奎斯背负了大量的债务,在1513年将城堡卖给了当时的法国国王查理八世的财务大臣汤玛斯·波黑尔。

莫卧儿王朝的城堡

拉合尔城堡，它可是巴基斯坦唯一完整的反映公元17世纪莫卧儿王朝建筑史的建筑哦！建造于11世纪的拉合尔城堡是拉齐尼王朝时期供皇帝居住的城堡，它是由宫殿式城堡、寺庙和美丽的花园组成的。

整座城堡最精美的部分就是当时统治者送给爱妻的礼物——镜宫，镜宫是皇后居住的地方，也是这座城堡最美丽的地方，不过整个宫殿可不是都用镜子做成的哦！这里的"镜"字只是个形容词，

镜宫的地面上铺满了灰色的大理石，大理石的表面被打磨得光滑剔透，在大理石地面的下方注满了清澈的水，低头望下去，都可以照出人的影子，尤其当人走在上面就像是穿梭在云间一样。

整座房子金碧辉煌、精美绝伦，人工湖、喷水池、象

房等应有尽有，特别是在夜晚，当壁炉点亮，在火光映照下，整个镜子般的寝宫更加熠熠生辉，犹如仙境！

巴德沙希清真寺在城堡对面，它是由莫卧儿王朝第六代皇帝奥朗金布于1673年建造，号称世界上最大的清真寺，可同时容纳6万人做祷告。

　　清真寺用红砖石砌的正面高墙，有规则地嵌入一条条大理石花纹，从东西两方伸展开，就像环抱着清真寺一般。红色的台阶和雪花石砌成的地面相连，富有东方色彩。宽阔的庭院里还耸立着三个用白色大理石做圆顶的寺院，远远望去很是庄重，而左上方内侧是座高耸入云的红砂岩尖塔，登上塔顶便能俯瞰整座城市的景致。

　　不过，这里最美丽的还要属它的夏利玛花园，它可是世界上最罕见的花园之一。整个花园占地有20万平方米，四周有高墙围绕着，院内有三座有阶梯的平台。这里展现了大自然的不同风貌，创

造出一个典雅而富于魅力的自然环境。姹紫嫣红的花朵美不胜收，林荫小路和用瀑布及四百多个喷泉装点的大道纵横交错，布局和谐，每当泉水喷放时，更是美丽如画。

你知道吗？

拉哈法园亭

这是夏利玛花园中的一处小型圆亭，作为起居、迎宾还有赏湖的绝佳地点，它就像一颗嵌在夏利玛花园中的宝石，与整个夏利玛花园交相辉映。而取名为拉哈法，意为"喜悦的赠品"。

你知道吗？

稀世画廊

这座画廊可是美不胜收哦！里面的绘画作品更是罗列了众多的场面，有斗牛、打猎、歌舞、马球、狩猎等等，丰富多彩又生动逼真。更有趣的是，这些图画都是由无数的彩石镶嵌而成呢！

恐怖的弗兰肯斯坦城堡

建造于1250年的弗兰肯斯坦城堡，坐落于德国黑森林的达姆施塔特，这座充满着神秘色彩的城堡，因为它的别具一格和诡异的美吸引着无数的游客前来参观。著名的作家玛丽·雪莱也因到此一游，而创作了西方最早的科幻小说《科学怪人》。这部充满着神秘色彩的科幻小说已经成为科幻史上的经典，现在很多幻想类影视作品中经常会出现这个怪物的翻版。

这座看上去便让人不由自主打

着寒战的城堡，到了1252年才有一个正式的认可，并且得到了现在的名字。其实城堡最开始是用来作为防御工事之用，之后又被用做避难所、医院等，在18世纪时甚至成了一片废墟，只剩下了两个别具特色的城塔，这两个城塔是19世纪中期保存最完好的城塔。

除了这部小说，这里还有一个传说。据说16世纪的乔治·弗兰肯斯坦爵士战功赫赫，在一次开掘地窖时，他将一头凶猛的龙踩在脚下，并将它活活杀死。可是，龙的尾巴却穿透了他的盔甲，刺进了他的心脏。但是他在死去之前，还是拼命救出了有"幽谷玫瑰"之称的美丽的安妮·玛丽。乔治·弗兰肯斯坦死后，为了纪念他的战绩，人们就把他葬在这里。

直到1968年，城堡中餐馆的建立使得更多的人来到了城

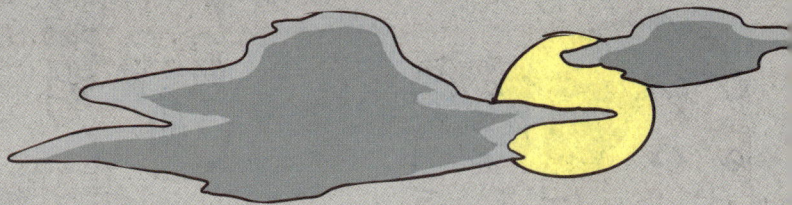

堡。到了1976年，美国士兵在此欢度万圣节的举动，让此地逐渐发展成为欧洲最大的万圣节举办地之一。此后的每一年，弗兰肯斯坦城堡都会举行大型的万圣节晚会，城堡上上下下都装饰得阴森恐怖，并找来很多工作人员装神弄鬼，或是整人搞笑，这样的活动吸引了很多的游客。

要想走进这个城堡接受恐怖体验，还真是要有足够的胆量。不过，很多游人还是乐此不疲，因为他们到这里来玩的就是这种刺

激！躲在城堡暗处装神弄鬼的工作人员们随时都会吓得游人魂飞魄散，在黑暗的地方还会不时传来狼人那令人毛骨悚然的号叫声。如果游人不小心，甚至可能被吸血鬼装置咬上一口，可谓是每到一处都让人胆战心惊啊！

站住！谁在那儿

　　伦敦塔，这座女王陛下的宫殿却有着匪夷所思的不同用途，例如：堡垒、国库、军械库、铸币厂等，某一个时期，这里甚至是避难所和监狱，尤其是上层阶级囚犯的关押地，伊丽莎白一世曾被关押此处。1988年，这里被列为世界文化遗产之一。

可是，关于这里的鬼影传说却此起彼伏。传说，伦敦塔从建造开始就有无数的人在这里丧命，以至于有游客说自己曾亲眼见过鬼魂。大家都知道伦敦塔作为监狱存在了很长一段时间，在它的地下土牢里有着不计其数的残酷刑具，城堡外的塔山就是人尽皆知的断头台。所以，这些鬼魅的存在好像顺理成章，整个城堡似乎至今都还弥漫着浓郁的血腥气味。

伦敦塔里最著名的鬼魂，就是塔内第一个有着显赫身份的受难者——安妮·博林皇后，她是亨利八世的第二位妻子。她被指控背叛亨利八世而被斩首。临死前，她的丈夫满足了她最后一个愿望——用剑行刑。可是，在她死后不久，就有人声称看到过她的鬼魂穿着一袭白色长袍在塔内绿地的回廊上出现。

另一个有名的鬼魂就是女伯爵玛格丽特，她是政治的牺牲

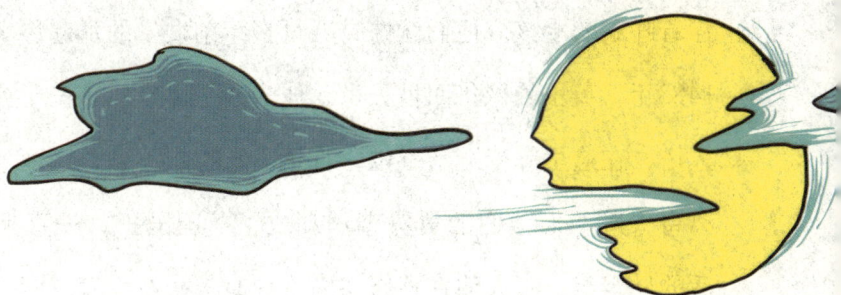

者，是亨利八世为了扫除政敌，以莫须有的叛国罪处死的人。1541年5月28日，年过七旬的老公主被押上了刑台。可是生性倔强刚毅的她不肯跪伏，甚至在刽子手接近的时候还逃跑，以至于最终被乱剑砍死。自此后，每年5月份，整个塔楼就会传来她痛苦的呻吟声，让人毛骨悚然。

　　不知道多少个月夜里，塔内的守卫都会在伦敦塔附近看见两个穿着睡衣的小孩。他们就像是五百多年前发生的那起惨案的化身，1483年，英王爱德华四世去世，他的两个可爱的小王子被送往了伦敦塔，在这里等待继承王位。可是，谁也想不到，这两个小男孩却离奇失踪，而他们的舅舅查理却成了英国国王。一直到了两百年后的1674年，工人们在整修塔内阶梯时从砖石中发现两具小孩的遗骸，几乎可以确认就是当时失踪的两个小王子。

　　可怕的传言却没有阻止人们的步伐，倒是越来越多的游客到伦敦塔来体验这里的闹鬼传闻，不少游客真的在伦敦塔内听到过奇

怪的声音，感受到阵阵阴风。虽然科学家们对这些现象作出了解释，可是真相到底是什么，谁也不知道，这一切都成为伦敦塔的不解之谜。

即使到了现在，每晚快到10点时，卫队长依旧使用着700年不变的夜间锁门方式。提着灯笼去锁要塞内各扇大门的卫队长，总要被站岗的卫兵喝问："站住！谁在那儿？""钥匙！""谁的钥匙？""伊丽莎白女王的钥匙。"这套一问一答的口令吸引了很多游人，不少都是专门在夜间来观看锁门这一幕。

你知道吗?

建筑特点

伦敦塔是英国著名的名胜古迹，位于伦敦泰晤士河北岸伦敦桥附近，是威廉一世为了保卫和控制伦敦城而建造的。后来，每一代的君主又为伦敦塔加修了新的建筑物，使它既是伦敦最坚固的兵营要塞，又拥有着令人向往的富丽堂皇的宫殿，这不同的建筑又恰好反映了当时的建筑风格。

你知道吗?

科学家解密

伦敦塔之所以会发生"闹鬼"事件，其实还是和它所处的地理位置有关，其实所谓的鬼魂现象，就是一种磁场异常。这种磁场异常与寒冷的气流、变换的光线等，使游客很容易相信自己发现了鬼魂。

德国最大的
巴洛克式皇宫

　　小朋友们想知道巴洛克式是怎样的一种建筑风格吗？那一定要看接下来我为大家介绍的宁芬堡哦！它可是德国最大的巴洛克式皇宫。

　　宁芬堡是一座维特尔斯巴赫王朝历代的夏宫，坐落在慕尼黑的西北郊，高贵典雅似乎成了它的代名词。整个城堡都以白色为主色调，远远望去，给气势磅礴的城堡增添了些许淡雅和安宁的美

感。整座城堡掩映在绿意之中，修剪整齐的草坪加上园丁精心布置的花卉，使得城堡的环境显得高贵而讲究。宫殿前的一池湖水盛满了天空的颜色，偶尔飞过的白天鹅更给这幅图画增添了动态和生命的美。

城堡的内部更是装饰繁复，富丽堂皇。尤其是里面的中国阁，装饰摆设全是中国式的，像壁纸屏风、花鸟虫鱼的绘画，还有中国的漆器和瓷器。宫中还有一个"美人画廊"，它可收藏着宫廷画家斯蒂勒为路德维希一世画的那个时代最漂亮的美女画像，个个都是风情万种，仪态万千。这样一座艺术的城堡，喜欢绘画的小朋友来参观，定能让你们感受到艺术的震撼和魅力！

这样一座华丽的城堡，还有一个温馨的故事。在斐迪南·马里亚亲王时期，他温婉可人的妻子为他生下了活泼可爱的小王子，让整个国家有了继承人。这个消息让亲王激动万分，于是他将这座美丽、浪漫、温馨的城堡送给了自己的妻子，感谢她为自己传宗接代。宁芬堡也成了他们生活的快乐宫殿。

宁芬堡咖啡馆

在宁芬堡广阔的大庭园里，还有着幽雅的咖啡馆哦！园林独特的背景，四季如春的绿意，若是再来上一杯醇香的卡布奇诺，令人的心灵都会得到安宁。尤其是当人们游花园太累了，这里可是休闲的好去处！

宁芬堡建造年代

1664～1728年这一段时间对于宁芬堡来说是最重要的，它是这座巴洛克式宫殿的建造时间，你仔细看会发现，它其实是由一幢幢方形楼房连接成的一组建筑物，光是正面就长达600米。它之后的扩建工程前后花了二百年的时间呢！

雄伟豪华的沃里克

　　相传在1455年，当时有一位叫做沃里克的公爵，他是英国贵族约克公爵的侄子。当年，约克公爵因为受到了兰开斯特家族的排挤，以至于在宫廷的斗争中惨败。

　　只是，年轻的公爵并没有放弃，他们衷心拥护着亨利六世王子，经过了长达六年的战争后，约克家族取得了暂时的胜

利。可是，老公爵却不幸在战争中被杀害。

老公爵的儿子爱德华在以沃里克公爵为首的贵族帮助下最终获得了王位，他就是爱德华四世。

在这场战争中立下了首功的沃里克公爵大权在握，便想控制爱德华。可是后来约克派内部发生了争斗，最终还是爱德华胜利。在最后的战役中，在伦敦以北的巴恩特，爱德华的军队在浓雾中发起进攻，一举歼灭了敌人，这招先发制人使得他们的军队以少胜多，取得了最后的胜利，沃里克公爵则被杀。

　　而他们所拥有的城堡就是沃里克城堡，它被称为英格兰中世纪城堡的典范。其实，它最初的所有人是征服者威廉，在1068年建造，到了14世纪时进行改建，石墙代替了木栅栏，还增加了许多塔楼。塔内均有石梯直达塔顶，以便瞭望。17～18世纪，城堡内装修成豪门贵族舒适的庄园宅邸。

　　城堡里面有最豪华的大厅，安妮女王住过的寝室，还有色彩鲜明的蓝色闺房和红绿画室。宴会厅则是整个城堡里最豪华的大厅，天花板上挂着热那亚精雕细琢的枝形吊灯，里面可装有39支蜡烛呢！大厅里摆放着六把核桃木扶椅及极具威尼斯风情和维多利亚风格的餐桌椅，古堡的主人们经常在这里宴请上流社会的名流们，就连英王乔治四世和维多利亚女王都曾光顾过这里。

城堡内还收藏了许多精美的绘画，分别装饰在各个走廊和餐厅。它更以收藏旧时兵器和头盔著名，其中有五尺长的宝剑、镶银的盾牌和克伦威尔戴过的头盔。不过，这座精美的宫殿也有拷问囚犯的密室和地牢。

这座几经改造又极具风情的城堡又有着怎样的历史传奇呢？其实，在这座城堡的惟妙惟肖的蜡像群中，已经被淋漓尽致地表现出来了。

你知道吗?

军事要塞

这座美丽的城堡因为依河而建,地理位置十分重要,所以成为防御工事。相传,阿尔弗烈德国王的女儿和征服者威廉都曾在这里建筑过堡垒要塞。

你知道吗?

征服者威廉

他是英格兰第一位诺曼底人国王,绰号"征服者"威廉,其实他这一生只做了一件大事,这件事后来被称为诺曼底征服,而这件事的动机也许都是来源于他的野心,但这件事情却对后世的历史进程,甚至是对整个英国乃至世界都有着深远的影响。

嵌在欧洲心脏的神秘之城

小朋友们快看，这里有一幅美丽的水彩画呢！乳黄色的房子，灰色的教堂，还有白色的尖顶和浅绿的钟楼，是不是很漂亮啊？这就是今天我要介绍的布拉格城堡。位于捷克首都布拉格伏尔塔瓦河西岸拜特申山上的布拉格城堡，始建于公元9世纪，由圣维特教堂和大小宫殿组成，最初是波西米亚的皇室宫殿。

这座城堡是由哥特式、巴洛克式、罗马式还有文艺复兴时期等各个历史时代的建筑风格组成的，来到这里，就像是看到了一本建筑的历史画册。整个城堡让人印象最深刻的莫过于文艺复兴时期的西班牙大厅、安娜女皇娱乐厅和晚期哥特式加冕大厅。

西班牙大厅在北楼内，装饰金碧辉煌，是举行宴会和接见贵宾的好地方哦！安娜女皇娱乐厅，顾名思义，当然是娱乐休闲的好地方。具有悠久历史的加冕大厅始建于1487年，过去的国王曾在此举行加冕。

城堡中的火药塔原本是作为守城护卫的要塞，后来则用来存放火药。在16世纪，被国王用做研究炼金术的地方。到了18世纪，这里就改为了圣维塔大教堂储藏圣器的地方了，现在这里是一座极具风格的艺术展览博物馆。

黄金巷在圣乔治教堂和玩具博物馆之间，拐进一条小巷子后就可看到宛如童话故事里的小巧房舍，它可是布拉格最有诗意的街道哦！不过这里曾经只是奴仆居住的地方，到了后来甚至沦为了贫

民窟。城堡内的黄金巷是不是布满了黄金呢？其实，现在的黄金巷已经成为有着一家家精致工艺品商店和手工艺品小商店的街道了！你看，16号小店的木制玩具、19号小店的花木扶疏的可爱花园小屋、20号的锡制布拉格小士兵、21号的手绘衣服，这些别致的小商铺摆放着琳琅满目的商品，很吸引人呢！

王后的城堡

　　位于英格兰肯特郡美德斯顿东边河谷中的利兹城堡，建造于小湖中央的秀美仙境中，优雅到让人觉得惊艳。它被世人亲切地称为"王后的城堡"。

　　清晨的阳光照亮了整个宁静的湖面，倒映在湖面的利兹城堡像一位被刚刚从沉睡中唤醒了的姑娘，沉静而优美。在13世纪，它正式成为皇家别墅。当时的皇室有一个习俗，那就是历代的新

任国王都会把这座城堡送给他们的王后，这也就是为什么它会有"王后的城堡"的美名。也正因此，利兹城堡的一切都具有浓厚的女性气息。

利兹城堡中有一个独一无二的博物馆，那就是狗项圈博物馆，这个博物馆记载了四百多年中狗项圈的变化和发展。城堡中还有一个著名的葡萄园，这里自制的葡萄酒曾是皇室钟爱的佳酿。

作为私人财产的利兹城堡，最后的一位女主人就是贝莉夫人。贝莉夫人出生于英国的贵族家庭，她的母亲非常热衷于艺术品和古董的收藏，她对于这两样东西的痴迷，就是遗传自她的母亲。当她买下利兹城堡后，就开始着手对城堡的改建，她想把这座城堡改造

成她的梦中花园，这梦中的花园，就是法国哥特式城堡。为此，她专门请了当时最著名的建筑设计师阿曼德·阿尔伯特·雷图，还亲自拜访了许多欧美的艺术家，广纳建议，最后她都将这些建议变为现实。贝莉夫人还根据自己的喜好，在城堡附近修建了许多鸟舍，里面饲养了许多的奇珍异兽。而这些，到了现在还是吸引游客的亮点。

你知道吗？

300年的皇室光环

亨利八世时代，国王为了躲避伦敦的瘟疫机缘巧合地来到了利兹城堡，却由衷地爱上了它，便出钱将利兹城堡改造成了更加富丽堂皇的皇家行宫。就是到了现在，当你走进城堡，只要仔细瞧瞧，还可以看到这里曾经的辉煌和皇室成员的奢靡生活。直到1552年，爱德华六世将这座城堡赐予了圣雷捷爵士，以奖励他在平定爱尔兰时所立下的赫赫战功，笼罩在利兹城堡300年的皇族光环才渐渐隐去。

你知道吗？

原有建筑

整个利兹城堡分为两个主体，一部分是城堡的建筑，作为防御工事存在；另一部分就是主人们活动的重要场所，极尽奢华的宴会厅，至今依然带着亨利八世时的皇家气派，墙上依然挂着精美的壁毯，还有精美绝伦的家具以及各类艺术品和收藏品，精致的壁炉上悬挂着亨利八世的画像。

火山上也有城堡

　　小朋友快看，这座城堡建造在火山上呢！爱丁堡城堡耸立在死火山岩顶上，无疑是地势最险要、防御最坚固的城堡。它在6世纪就成为苏格兰皇室的堡垒，它是爱丁堡甚至是苏格兰精神的象征。爱丁堡城堡十分古老，整个城堡却因为这古老的韵味更让人着迷。

　　爱丁堡城堡是皇家住所，同时也是国家的行政中心，它就这样

居高俯视着爱丁堡，一直到中古世纪都延续着重要的政治地位。若不是到了16世纪初，荷里路德宫建成，取代了爱丁堡成为皇室的主要住所，也许它会一直处于权力的巅峰。

站在爱丁堡城堡上，可以俯瞰全城，就像是一个居高临下的王者，俯视着它的国土和子民。爱丁堡城堡作为苏格兰的重要象征，就连爱丁堡市的纹章上都有爱丁堡城堡的图像。而每年一度的爱丁堡军操表演也一直都在爱丁堡城堡前举行哦！这可是莫大殊荣啊！当然，也正因此，它才在政治和军事的斗争中饱经沧桑。

在12世纪初期，作为要塞存在的爱丁堡城堡曾多次遭到了猛烈进攻，还一度被英国人占领，变成了执行死刑的地方。在爱丁堡地下的玛丽·金小巷，还是当时的黑死病患者被隔离和最终死亡的地方。随着时间的推移，这里虽然成为旅游胜地，可是地牢闹鬼事件却从未停息，游人们非但不害怕，还对此津津乐道。苏格兰闹鬼最凶的地方，莫过于爱丁堡城堡。

空穴来风必定有因。传闻，在爱丁堡城堡的地牢里曾经关押过著名的亚历山大·斯图尔特公爵和珍妮特·道格拉斯！这两位举足轻重的名人在这黑暗的地牢发生过怎样的故事呢？听说亚历山大公爵杀死了狱卒并烧毁他们的尸体后成功逃出了地牢，可珍妮特却因为被指使用巫术，被活活烧死在了火刑柱上。他们似乎对这个地方格外留恋，不愿意离去。

在2001年，由200多名公众代表和9名科研人员组成的小队，对城堡内的密道和内室进行探查，寻找各种所谓闹鬼的痕迹。爱丁堡

成了历史上一项规模最大的超自然现象研究的对象。在这次科研中，有大约51%的参与者称看到了超自然现象。

似乎在爱丁堡度过的每一天都有人会看到虚幻的影子，历经那种温度骤降和衣服被东西牵扯住了的感觉。那么真相到底是什么呢？也许只有亲身体验才能知道吧！

城堡中的大酒桶

　　海德堡城堡始建于13世纪，历时400年才完工。它曾经是欧洲最大的城堡之一，其结构之复杂，包括了防御工事、居室、宫殿和花园等。当年它是一座军事要塞，也是选帝侯官邸。坐落于国王宝座山顶上，名胜古迹非常多，几经扩建，形成哥特式、巴洛克式及文艺复兴时期三种风格的混合体。整个城堡

主要是由红褐色的内卡河砂岩筑成，踏着石砌马路，进入红褐色古城，首先是一座没有了围墙的城门，它就是伊丽莎白门。1615年，弗里德里希五世为了庆祝伊丽莎白皇后的生日，下令一日内将此门完工。

站在城堡上望下去，你会看见四周都是无边的葡萄园，美不胜收。城堡里有一个大的酒窖和大酒桶。在这个大大的酒窖里面装满了一桶桶的葡萄酒，听说总共可以贮藏28万升的酒呢！此外，地窖两旁还有两个橡木桶，直径分别有3米和1米。

传说在16世纪的末期，有一个受命专门看管这个大酒桶的宫

廷弄臣，名叫佩克欧，他是个出了名的千杯不醉的人，极爱喝酒，每天都以酒代水。大家见他如此，为了他的健康着想，力劝他少喝酒，多喝水，只是万万没有想到的是，佩克欧竟然在饮下一杯水之后暴毙了。这个故事一直流传在海德堡城堡，城堡主人甚至还因此封佩克欧为酒神，用木头为他雕刻雕像挂在酒桶上，还在酒窖墙上挂着他的画像，希望在他的庇佑下能让酿出来的酒都很好喝。

　　不管传说是否属实，就是现在，当

你走近酒桶的封口，似乎隐约仍可闻到一股葡萄酒味。那挂在酒窖墙上的佩克欧的画像似乎总在对着你笑，一头红发配上可爱的脸更是让人觉得亲切。

城堡地窖还有一个神奇的地方，那就是药物博物馆。里面展示着16世纪到18世纪的药草和制药器皿！另外有一个空间放置了一些手工精制的器具，都是用来做实验的常用器皿，在这里可以见到它们古老原始的样子，多为金属、木质或陶瓷的材质，且为手工制品，十分有趣呢！

你知道吗?

海德堡城堡废墟

在17世纪的时候,海德堡城堡被占领了三次,毁坏了三次。在整整30年的战争中备受折磨,即使现在得到了修复,也早已不复当年的雄伟壮观。

你知道吗?

纪念活动

海德堡的人们每年都会举行"火烧城堡"的集庆活动,为的是纪念海德堡遭受的劫难。当然,大家并不会真的放火去烧城堡,只是到了晚上,借助灯光和烟火,再现当年城堡遭到法军攻打时的历史画面。远远望去,这冲天的火光,残破的城堡,确实壮观又惨烈。

达·芬奇的香堡

尚博尔城堡也称为香堡，它可是占地5225公顷的大家伙！其实最初这里只是一个狩猎场，到了后来，被弗朗索瓦一世看中，在1519年的时候再次建立了尚博尔城堡。

这座城堡最著名的莫过于它的设计家，就是著名的《蒙娜丽莎》的作者——达·芬奇。还记得那个执着

地画着鸡蛋的孩子吗？

弗朗索瓦一世无疑是一个英明的君主，可是他更是一个令人钦佩的建筑学家。他受到当时文艺复兴的文化影响，深深迷恋上了龙巴托式的建筑风格，所以在这个自己喜爱的地方建立了城堡。为此，他请了当时最著名的画家达·芬奇设计了城堡的草图。直到15年后，城堡的主体才建成，不过这个时候弗朗瓦索一世已经去世了。

这位文艺复兴运动的热烈追随者，有着军事才能和宏大的治国策略的统治者，对狩猎也狂热爱好，这也是香堡建成的根本原因。尽管整个工程历时150年，到了路易十六时期才得以完成，不过，也算是最终实现了弗朗瓦索一世的心愿。

香堡长156米，宽117米，有房间440间，主楼梯13座，小楼梯70座，而精美的壁炉竟多达365个。这座宏伟、庞大的城堡以其独特的设计风格，被视为建筑奇迹之一。

整个城堡占有宽阔的面积，一半是森林，专门用来狩猎；另一半则被当做花园。无边无际的森林和蜿蜒曲折的卢瓦尔河一起构成了一道独特的风景，而这里也是当时全法国野生动物最多的区域，更是贵族们狩猎的黄金地段。也正是因为地理环境优良，才能有如此多的野生动物在这里繁衍生息。不过，现在的尚博尔城堡已经成为全欧洲最大的公园，公园里的四千公顷森林仍属于国家级狩

猎区。

　　直到今天，这座香堡依然以自己无边的美丽吸引着无数的游客。1981年它还被列入世界文化与自然遗产名录，成为法国城堡的象征。

你知道吗？

双螺旋楼梯

这是香堡中一座很奇妙的楼梯。在这个楼梯上的两个人同时上行，却不可能看到对方。其实原理很简单，就是两个楼梯随着自身的中轴线盘旋而上，两个螺旋状侧面交替上升。

你知道吗？

"隐身"的大壁炉

一个大壁炉怎么就"隐身"了呢？其实，运用的就是建筑学的巧妙，壁炉的周身都以意大利式的图案、涡纹装饰或象征性的徽章之类的花纹巧妙修饰隐藏起来，让人以为这就是一面漂亮的墙呢！

白雪公主的城堡

　　很久很久以前，有一位白雪公主，历经艰辛，最终和她的白马王子幸福生活在一起的故事，相信每个小朋友都很熟悉了。而白雪公主有着怎样美丽的城堡呢？今天我就来为大家介绍一下吧！

　　这座位于德国巴伐利亚西南方的城堡，优雅美丽，如临仙境。它还拥有着一个美丽的名字——新天鹅城堡。这个名字，来

源于中世纪关于天鹅骑士的传说。这座白雾缭绕的城堡浪漫故事的背后，却隐藏着一个年轻国王的悲剧。

城堡的主人是巴伐利亚王国的国王路德维希二世，这位从小就喜欢歌剧和舞台剧的国王，自己写了不少颂扬善良战胜邪恶的故事。这位年轻的国王还有个忘年交，那就是普鲁士铁血首相俾斯麦。他们的年纪相差很多，不过二人却一见如故，一个年轻浪漫，一个意志坚强，他们的友谊让后人称奇。

可是，国王的感情生活却充满了悲剧色彩。美丽聪慧的茜茜

公主就是他的表姐。童年时期他们经常相伴在一起，国王对她产生了朦胧的感觉，只是茜茜15岁，就嫁到了奥地利。这个美丽的倩影，给他留下了深刻的印记。

这位最了解他的公主也努力为他物色合适的姑娘，他好不容易找到一生感情的归属，美丽的巴伐利亚公主苏菲。

可是，原本美满的爱情，却在一对恋人准备成婚的时候被解除了婚约，年轻的国王因此一生未娶。强烈的打击和创伤使他从此沉醉于舞台剧的幻想中。后来，年轻却忧伤的国王，遇见了瓦格纳的剧本，被它深深打动，决定修建这座白色的童话城堡为瓦格纳的舞台剧塑造一个背景，让勇敢的骑士和美丽的公主最终能在这样的城堡中过上幸福的生活。1869年，就在巴伐利亚南部的天鹅城堡遗址

上，他勾勒出自己的梦的世界——新天鹅城堡。

这座梦幻般的城堡，到了冬天，厚厚的积雪将整个城堡覆盖，仿佛是仙境一样，让人着迷。当雪后初霁，第一缕阳光照射到城堡之上，一切就完美了。

小朋友们喜欢这座富有童话色彩又有着传奇故事的新天鹅城堡吗？它承载着一个国王全部的忧伤和对美丽的向往呢！

你知道吗?

精湛工艺

这座建造在高山上的新天鹅城堡，对于建造者来说，可是个麻烦事。只是，城堡内的生活用水却从来都不是问题，他们是在二百米高的山谷中，建造了蓄水池，用来储存从石头缝中溢出的清水，这可是很聪明的设计哦！古代人的智慧，运用自然的力量，提供了整个城堡的用水。不仅如此，新天鹅城堡里，真可谓是装饰精良，不论是日常用品、壁画、蚊帐甚至是洗手间的水龙头上面都有着天鹅形状的装饰呢！

你知道吗?

城堡现状

历经沧桑，德国人最终还是耗费巨资，为年轻的国王实现了梦想，不过这曾看起来奢华又没用的城堡，现在已然成为德国旅游业赚钱的大户。因为童话而美丽的城堡，因为城堡而更加美丽的童话，都成了旅游的噱头，也使得整个城堡愈发闪耀动人呢！

幽灵古堡

"这里有幽灵……"

听到这句话时，是不是就让小朋友们毛骨悚然呢？这座格拉米斯城堡可是苏格兰闹鬼闹得最凶的城堡呢！

在月黑风高的周六子夜，这里就会有一场让人惧怕的巫魔会，城堡所有的幽灵都会聚集在一起。在这样的聚会中，只有一

个活人，那就是我们的城堡主人，克劳福特公爵，他最喜欢在这样的时刻和幽灵们打牌！

天啊！这位克劳福特公爵到底有着怎样的胆量啊！

这样那样的疑问此起彼伏，似乎传言的真假都不再重要，只是为城堡装饰了一层神秘莫测的色彩。所以，尽管传言闹得如此沸沸扬扬，可终究是传言，这一切都不能将格拉米斯变成一座空城。因为这座1372年修建的兼并法国和苏格兰风格的建筑，有着最美丽而绚烂的风景。透过一条长长的林荫大道，周围是修剪整齐的青绿草坪，林荫道的尽头就是这座带着神秘色彩的城堡，灰色的砖块砌成了这座结构优美有着众多角楼的城堡。这就是著名的诺曼底式的角楼，它将苏格兰塔楼合围，更加增添了城堡神秘的感觉。

城堡内的装饰繁复却清雅，墙面上挂着形形色色人物的相框。走进房间里，立刻就有着一股子简约而不简单的气息扑面而来，住在城堡里面，也许你更多感觉到的是温馨，这是掩盖在幽灵故事下的美丽哦！

城堡外还有着绚丽的荷兰花园和意大利花园。姹紫嫣红的花朵在园丁们的精心治理下，五颜六色，让人看着就喜欢呢！

你知道吗?

城堡历史事件

传言,鬼魂时常在这座神秘的城堡进进出出,游荡还捉弄人,甚至还出现在了飞机场上。最著名的要属1913年的那次飞机失事事件,军方最终将达蒙·阿瑟皇家飞行员宣判为事故责任人。含冤受屈的飞行员久久不愿离去,直到得到了公平的裁决,名誉得到恢复才离开。

你知道吗?

麦克白

《麦克白》是著名的戏剧家莎士比亚的四大悲剧之一。而这部经世巨作的创作来源正是这座拥有着神秘色彩的格拉米斯城堡。

犹太人的惨烈之地

两千多年前，在距离耶路撒冷以南64公里的沙漠中央，有这样一座与世隔绝的城堡，建造在一座300米的高山上，它是犹太人最后的防线，也是最大的悲剧，它叫马萨达城堡。

在这里，曾发生了一个悲惨的故事。住在马萨达城堡的犹太人，聪明而坚强。在长年的战争中，当罗马人攻破了最后的一道防线，负隅顽抗的犹太人最终没能守住城堡。当这最后属于自由

的地方被占领，城堡中的967名犹太人选择了集体自杀。从此之后，犹太遗民也开始了在世界各地长达19个世纪的流浪。听到这里，小朋友们是不是也和我一样忍不住想要为他们流泪呢？

这座马萨达城堡，是两千多年前为了自保的犹太国王希律所建造的。这个天堑般的城堡有着一夫当关万夫莫开的气势。它具备当时流行的希腊风格，并在外围筑起了高达1500米长的双层高墙，上面还建有38个10米高的碉堡。不仅如此，希律王为了能够自给自足，还在城内盖起了一排排巨大的仓库，用来存放粮食和武器。城堡内甚至兴建了水利工程，让其成为真正的独立存在。城中的蓄水

池一共有12个，每个容量都高达4000立方米，用来给城中的民众使用。除了这些基本的生活所需，这里还有供贵族们享乐的地方，例如古罗马浴池和蒸汽室，剧场、拜占庭时代的基督教堂等。

只是，经历了长年的战争，最后的物资也消失殆尽，终于在某天破晓，马萨达城堡沦陷了。公元66年，罗马王朝已然胜利的那个早上，城堡内的967个男女老少全部自杀。尽管惨烈而悲伤，可是这何尝不是证明了犹太人的坚持和勇气，还有团结呢？

在岁月的冲刷中，昔日的城堡早已面目全非。部分的遗迹也是在1963年到1965年其间才被考古人员发现并挖掘出来，直到2001年被联合国教科文组织认定为世界文化遗产。到了夜晚，这城堡的露天剧场还会上演根据这段历史改编的戏剧。

这座极具考古价值的城堡依旧屹立在高山之上 ，看着每一个日出日落，诉说着这千年来不可磨灭的故事和传奇。

你知道吗?

犹太人

犹太人是起源于阿拉伯半岛的游牧民族,属于闪米特人的一支,祖先是希伯来人。不过他们最原始的血缘其实和阿拉伯人相近。他们信奉犹太教,其法典规定的犹太人的身份是按照母系相传为标准,是个坚毅勇敢的民族。

你知道吗?

耶路撒冷旧城及城墙

旧城位于耶路撒冷东部,呈不规则的四边形,海拔720～790米。城内的街道至今大都保持古罗马式布局。城内有犹太的"哭墙"、清真寺、教堂等历史文化古迹。现存的城墙长5000米,高约14米,有34座城堡和8座城门。2001年,耶路撒冷旧城及城墙被认定为世界文化遗产。

它变成了小岛

　　圣米歇尔山城堡，这座被誉为"世界八大奇迹"的城堡，坐落在巨大沙洲中部的一座小岛上。这座小岛位于法国诺曼底和布列塔尼之间的芒什省。圆锥形的小岛，周长就有900米哦，整座小岛都是由花岗石构成的。其实它本身并不是一座小岛，在海拔88米，经常会被大片大片的沙岸包裹住，仅仅在涨潮的时候才能称之为小岛。

　　那么，被誉为西方名胜的圣米歇尔山城堡，为什么会在这座小

岛上建立呢？原来，这座城堡是基督教圣地。传说，在公元708年的某一夜，在圣米歇尔山附近修行的红衣主教奥贝，连续三天晚上都做了同样一个梦，梦中他总是看见天使长米歇尔手指沙滩上的一座小山，并在其脑颅上点开一个洞。醒后红衣主教明白，天使长米歇尔是示意他要在这里修建教堂，因此他在岛上最高处修建了一座小教堂奉献给天使长米歇尔，使之成为朝圣中心，故称圣米歇尔山城堡。

也正是这场具有神迹的梦，让人们整整忙活了8个世纪之久。无数的修道士和工人们前

赴后继，一步步将厚重的
花岗岩运过了沙流，拉上了山顶，在不懈的努力
和艰苦的环境下，终于造就了这座奇迹般的城堡。这
是古代劳动人民的心血结晶，也是天主教的圣殿。若小朋
友们有机会到这里来，一定要怀着一颗虔诚而尊敬的心，瞻仰这
里的每一寸沙石。

　　圣米歇尔山最著名的还有它的潮汐，以迅猛涨潮而闻名的圣马
洛湾，在每天傍晚的时候，大西洋的潮水就会以想象不到的速度奔
腾而来，瞬间淹没了所有的流沙，将整个城堡团团围住。巨浪下，
就连想蹚过去朝圣的新教徒们都被海浪无情地卷走。说到这里，
会不会让小朋友们联想到很熟悉的钱塘江大潮呢？

到了1211～1228年间，海岛的北部建造了6座建筑物，都是以梅韦勒修道院为中心修建的。它们融合了加洛林王朝古堡和古罗马教堂似的风格。在1337年至1453年的英法百年战争时，就曾有119名法国骑士躲避在修道院里，依靠这里的围墙和炮楼进行了长达24年的作战。

由于圣米歇尔山天然的地理优势，为作战士兵们迎来了宝贵的休息时间。所以，在持久的战争中，这里无疑也成为唯一没有沦陷的军事要塞。

这座奇迹般的城堡，承载着虔诚的信仰，历经风雨屹立不倒，每每日出日落，都安静得像是在神的怀抱中沉睡的婴孩儿。

你知道吗？

法国的泰山

圣米歇尔山像是旗帜一样，屹立在这座小岛上，遗世而独立，庄重又宏伟。法国前总统密特朗就曾赞誉圣米歇尔山为"法国的泰山"。一千多年来的屹立不倒，沧浪不惧，让它以最雄壮的姿态接受着一代又一代信徒的顶礼膜拜。

你知道吗？

观潮时间

圣米歇尔山的潮水会在每年的春季3月21日左右涨到全年最高潮；下一次高潮就要等到秋季，也就是9月23日左右。当然，大自然的变幻莫测，使得人们并没有最准确的资料能够记载或预算观潮时间。

漂在莱蒙湖上的莲花

是怎样美丽的城堡才会被形容是漂在莱蒙湖上的莲花呢？小朋友们是不是也迫不及待地想要知道？让我用文字将这座美丽而独特的城堡呈现在你们面前吧。

莱蒙湖，这是法国人给这座湖取的浪漫名字，不过，它三分之二的面积都属于瑞士，瑞士人称它为日内瓦湖。它从古罗马时期开始，就是意大利和法国的交通要道。我们的西庸城堡便建于法国和瑞士交界处的美丽湖泊上，它有着无法得知确切年限的悠久历史，

被发现最早的文字记录是在1150年。科学家根据城堡底部的基石判断，它是在11世纪修筑完成的。它的名字——西庸，在法文中的意思就是石头，也许这个名字的来由就是因为它所在的那块突出水面的巨石。

这座扼守着阿尔卑斯山咽喉处的城堡，在13世纪到14世纪的时候，就是意大利王族萨伏伊家族的领地，是由第二代萨伏伊伯爵聘

请的著名建筑师梅尼耶进行设计改建的，用作家族避暑的行宫。很明显，西庸城堡主要的地理位置也注定了它不得不出名的缘由。

在15世纪之前，历代萨伏伊从未拥有过真正的驻地，他们就是天涯海角四处漂泊，从一个城堡辗转到另一个城堡，处理和管辖日常事务，有着十足的贵族文化。萨伏伊家族三代都在西庸城堡留下了不可磨灭的印记。

萨伏伊家族托马斯一世扩建了这座城堡，使得家族在13世纪中期，达到了鼎盛时期。这位国王还将瑞士西南部一带的土地集中在了一起，创建了沃国，也就是现在的沃洲。到了15世纪，阿梅代

八世又一次对城堡进行了大规模的改造，他的领地也在这个时候形成。在他的强势下，自己被封为了公爵，随后还成为一代教皇，也就是历史上的的菲利克斯五世。

直到16世纪，接二连三的战乱，使得萨伏伊家族的实力被削弱，以至于无法继续经营西庸城堡。1536年的某一天，伯尔尼人夺取了这里，并将城堡用作军火库和监狱。到了第二次世界大战，这里还修建了一个军事工程，就隐蔽在古堡对面森林的岩石中。

历经战乱和改造，这座位于法瑞交界处的城堡，依旧遗世而独立，见证着几个世纪的兴衰！

英国的"王城"

温莎，这是一座美丽到让人惊艳的城堡，也是英国的"王城"。

这座位于英格兰东南部区域的城堡，可是世界上有人居住的城堡中最大的一个哦！整个城堡其实是由一幢幢花岗岩建筑组成的。听到群这个字，大家是不是就能感受到它的大了？建于11世纪后期的温莎城堡，有着深刻的历史韵味，是典型的哥特式建筑，有着高耸入云的塔尖和一望无垠的草地。

　　整个城堡分为上中下三个区域。下区和中区都是用来宴请等王室的国务活动场所以及他们的私人宅邸；而作为国家公寓的上区，则收藏着著名的画卷和奇珍异宝。在城堡的中央高冈上，是整个城堡内最高的建筑。其实在12世纪时期，这里只是一个圆形的塔顶，是个再普通不过的炮垒，因为乔治四世的别具匠心，为这个圆塔增建了冠顶部分，才使之成为古堡内的最高建筑。登上塔顶，你就可以浏览到温莎镇的全景呢！

　　小朋友们知道吗？这个城堡内还有一个大圆桌，它可是大有来头的呢！传说在公元5世纪，亚瑟王，这位近乎神话般的传奇人物就和他的12个圆桌骑士围坐在这里开会。而这张著名的圆桌有着"平等"和"团结"的含义。骑士们只有围坐在圆桌旁才没

有地位差异和君臣之别，每个人都被允许自由发言。

　　不知道大家听说过"嘉德骑士"这个封号没有？它可是英国的最高骑士勋章哦！这枚勋章的出现，也是因为当时的爱德华国王为了鼓舞日渐消沉的骑士精神而设立的，而温莎城堡就是国王为皇族贵族颁发爵位和封号的重要场所哦！

　　古堡的四周是一望无垠的草地，远处满是田园农舍，很有乡村田园风情。历届女王都会和她们的亲属来此短居。而且，我们熟悉的女王伊丽莎白二世的幼年都是在这里度过的。想想，在这么美丽的环境中成长出来的女子，是多么的优雅、柔情又睿智！

　　尽管美丽的温莎城堡是王族的行宫，可是这里也曾有过闹鬼的传闻，其中最著名的就是亨利八世。去过温莎城堡的人，常常会称自己曾见过他的鬼魂在古堡的走廊里游荡，甚至还听见他的脚步声和呻吟声呢！到底发生了怎样的故事，让亨利八世不肯离去？会不会是舍不得这座美丽的城堡呢？

嘉德骑士团

　　最初的嘉德骑士成员只有威尔士国王和王子以及另外24位成员。他们佩戴着蓝色的吊袜带作为装饰。这样的装饰其实有着浪漫的传说哦!传言在某个舞会上,索尔兹伯里女伯爵琼的吊袜带突然落了下来,这可让她尴尬不已,再加上宫廷贵人的嘲笑更是让女伯爵无地自容,可是爱德华国王见此,他随即把吊袜带捡起来,说道:"心怀邪念者蒙羞。"这一出英雄救美的戏码,最终成了嘉德骑士的来源。

重大发现

　　2006年8月25日,考古队伍对温莎城堡进行挖掘,在上区发现了爱德华三世在1344年建造的圆桌建筑地基和一块装饰用的中古时代砖块,再下去则发现了亨利三世宫殿大厅的一面墙。

高空上的珍珠

　　小朋友们有没有听说过古巴比伦的空中花园？那座美丽的仿佛仙境的花园早已在历史的长河中消泯，不过有这么一座城堡，延续了它的存在，它就是我今天要说的"高空城堡"——马丘比丘。它

可是印加遗迹，历史之悠久可想而知了。马丘比丘坐落在秘鲁库斯科城西北130千米处的高山上，海拔2350米。两边都是悬崖峭壁，下面是湍湍激流，险要的地势和巧夺天工的构造，注定使这颗高空上的珍珠在军事上占有重要的地位。

马丘比丘，在奇楚亚语中，就是"古老的山顶"的意思。当年，印加人在这里繁衍生息，还创造了甚为瑰丽的闻名。可是，不知为何，到了后来，这昌盛一时的古城竟变成了一座空城，淹没了长达400年不为人知。

一直到1911年，美国耶鲁大学历史系教授独自一人前来，登上陡峭的悬崖，最终才发现这颗遗失的珍珠，再一次让它耀眼于人们面前。纷至沓来的科学家们都想弄清楚这座城堡的历史，而游客们更是不远万里来到这里，只为了一览马丘比丘的雄伟壮观。这座曾经闻名却又突然销声匿迹的城堡到底有着怎样不为人知的秘密？

整个马丘比丘城堡的轮廓都是用巨大的花岗石建成的，气势磅礴，坚实壮阔，就像是一道不能摧毁的屏障，所以也有着"秘鲁长城"的美名。它包括了200座建筑和119个连接山坡和城市的总共3000级台阶，更加令人不可思议的是，有些台阶是在岩石上凿成的呢！至今没人明白印加人是如何把重达20吨的巨石搬上马丘比丘的山顶。

在哥伦布时代南美文明修建的成千上万条道路中，印加帝国的

道路属于最被吸引人的一类。现在每年都有成千上万的游客在印加道路上旅行。

　　城堡内的房屋全部用巨大的石块堆砌而成，每一块石块可都是能论吨计算的大家伙！可是尽管巨大，它们的工艺却非常精致准确，石头的磨工非常精细，那优美的圆弧，一层一层逐渐变尖的顶部，石块与石块之间没有类似水泥的黏合剂也能紧密相连，就是想插进一片锋利的刀片都难！

　　宽广的神圣广场中央，竖立着印加人用来记录时间的日晷。可以看出，印加人尊崇着太阳神，据说城中巨大的太阳神庙都是由未婚的少女掌管着！

　　当然，有关这里的闻名还有很多值得我们去探寻，就像这里的文化为什么突然消失？那些曾居住在这里的人们都到哪里去了？

印加人的圆

印加人了解圆形,在神殿里,他们的太阳神就是用它表现的。奇怪的是,他们却并不把圆形运用在建筑中。虽然印加人不使用圆形,不过他们却利用了斜坡,据说他们让成千上万的工人推着石块爬上斜坡。遗憾的是印加人并没有文字,也就没有记载他们如何使用斜坡的札记。建筑用的庞大数量石块究竟是如何搬运的到现在也不为人知。

亟待抢救

古城发现之后,世界各地的旅行者慕名而来,每年接待的游客达50万,从印加古都库斯科到马丘比丘有一条全长几十公里的高山铁路,探访古城需要坐汽车,汽车的尾气排放以及旅游业的兴旺已经对古城遗址保护造成严重困扰。

124